신기한 스쿨 버스

땅 밑 세계로 들어가다

신기한 스쿨 버스

The Magic School Bus® – Inside the Earth

땅 밑 세계로 들어가다

조애너 콜 글 · 브루스 디건 그림 / 이강환 옮김

비룡소

이 책을 준비하는 데에 도움을 주신
미국 자연사 박물관 광물학 부문 준큐레이터이신 조지 할로 박사님께 감사드립니다.
유익한 자문을 해 주신 버나드대학 지질학 교수 피터 보워 박사님께도 감사드립니다.

신기한 스쿨 버스

2. 땅 밑 세계로 들어가다

1판 1쇄 펴냄—1999년 10월 1일, 1판 51쇄 펴냄—2016년 12월 16일
글쓴이 조애너 콜 그린이 브루스 디건 옮긴이 이강환 펴낸이 박상희
펴낸곳 (주)비룡소 출판등록 1994. 3. 17. (제16-849호)
주소 06027 서울시 강남구 도산대로1길 62 강남출판문화센터 4층
전화 영업 02)515-2000 팩스 02)515-2007 편집 02)3443-4318,9
홈페이지 www.bir.co.kr
제품명 어린이용 각양장 도서 제조자명 (주)비룡소 제조국명 대한민국 사용연령 3세 이상

ISBN 978-89-491-3047-7 74400 / ISBN 978-89-491-5023-9 (세트)

마이클 스톤에게

　　　─조애너 콜

미키와 행크, 두 돌 머리에게

　　　─브루스 디건

프리즐 선생님 반에서 우리는 거의 한 달 내내
동물들 집에 대해서만 배웠어요.
우리는 너무 지겨웠죠.
그때 프리즐 선생님께서
"오늘부터 새로운 공부를 시작하겠어요."
하고 말씀하시자, 우리 모두는 정말 기뻤습니다.

이번 주 문제:
어느 것이 지구일까요?

1.
2.
3.

지구 속에
뭐가 있는지
궁금하지 않니?

별로요.

선생님께서는 우리한테 지구에 대해
조사하라셨어요.
프리즐 선생님께서 말씀하셨습니다.
"여러분, 이제부터는 우리가 살고 있는
지구를 공부할 거예요. 돌을 하나씩 찾아서
학교로 가져오세요. 숙제예요."

하지만 다음 날,
돌을 제대로 가지고 온 사람은 거의 없었죠.

프리즐 선생님께서 말씀하셨어요.
"돌을 수집하려면 아무래도 견학을 가야겠군요."

널드, 네가 가져온
런 스티로폼 같아.

맞아, 게다가
먼지투성이잖아.

구린내가
나는 거 같아.

아널드, 이걸 정말
만졌어?

암석은 무엇으로 이루어져 있을까요?
— 팀
암석은 광물들로 이루어져 있습니다. 암석 하나에도 여러 색깔의 반점이 섞인 걸 볼 수 있습니다. 또 빛나는 반점도 볼 수 있습니다. 이 반점들은 암석에 있는 여러 종류의 광물들입니다.

내가 주운 돌
아널드

프리즐 선생님과 견학을 떠나면 어떤 일이
벌어질지, 상상조차 할 수 없어요.
선생님께서 입으신 옷만 봐도
얼마나 엉뚱한데요.
아니나다를까 처음부터
고물 스쿨 버스가 고장 났어요.
하지만 어쨌든 우리는 출발했습니다.

세상에,
프리즐 선생님께서
저런 옷을 입으시다니.
믿을 수 없어!

너도
익숙해질 거야.

들판에 도착했을 때에,
우리는 모두 버스에서 내리려고 했어요.
그런데 갑자기, 버스가 팽이처럼
돌기 시작했습니다.
여태껏 한 번도 일어난 적이 없던 일이었어요.

지구 표면   -존

지구 표면은
암석과 흙으로 둘러싸여
있습니다. 이렇게 껍질처럼
둘러싸인 부분을
"지각"이라고 합니다.

이 파이 껍질도
바위처럼 단단해.

버스가 돌다가 멈추자,
우리 모두 달라져 있었습니다.
우리는 새 옷을 입고 있었죠.
그리고 버스는 포크레인으로 변해 있었어요.
게다가 우리 손에는 모두 삽이나 곡괭이가
들려 있었답니다.
프리즐 선생님께서 소리치셨어요.
"자 여러분, 땅을 파세요!"
우리는 들판 한가운데에서
커다란 구멍을 파기 시작했습니다.

정말 쉬운 일이 아닌데.

그래도 받아쓰기
시험보단 낫잖아.

땅을 파!

잠시 후에 우리는 "꽝" 하고 바위에 부딪혔습니다.
그랬더니 프리즐 선생님께서 굴착기를 나눠 주셨죠.
우리는 굴착기로 단단한 바위를 뚫기 시작했습니다.

지층은 어떻게
만들어졌을까요?
　　　　　　－몰리

수억, 수백만 년 전에 먼지,
모래 들이 바람에 날려
호수와 바다로 흘러들어
갔습니다.
먼지와 모래는 바닥에
가라앉아 퇴적층이 됐습니다.
조개 껍데기들도 쌓여서
퇴적층이 됩니다.

오랜 시간이 흐르면서
이 퇴적층이 굳어져서
퇴적암이 됐습니다.

지구 과학 낱말 공부
　　　　　　－도로시 앤
'퇴적'은 "쌓이다"라는
뜻입니다.

우리는 돌을 모으려고 지층에서
돌을 떼어 냈습니다.
그러자 프리즐 선생님께서 설명하셨어요.
"여러분, 이런 돌이 퇴적암이에요.
퇴적암에서는 화석이 많이 나와요."

사암은 모래 알갱이들이
압력을 받아서 만들어졌고,

셰일은 진흙과 찰흙이
압력을 받아서 만들어진 거예요.

사암은
까칠까칠해요.

이 셰일에는
나뭇잎 화석이 있어요.

그다음엔 무슨 일이 일어났는 줄 아세요?
우리가 열심히 화석을 모으고 있는데,
프리즐 선생님께서 버스로 돌아오라고 하셨어요.
우리는 버스를 타고 조금 앞으로 나아갔죠.
그런데 갑자기 밑에서 암석이 부서지는 소리가
들렸습니다.
주위가 온통 깜깜해졌어요.
그리고 우리는 아래로, 아래로, 아래로
내려갔습니다.

난 도저히
적응이 안 돼.

드디어 버스는 "쿵" 하고 착륙했습니다.
프리즐 선생님께서 전조등을 켜셨어요.
우리는 구멍을 지나서 커다란 석회 동굴로
떨어졌답니다.
프리즐 선생님께서 설명하셨어요.
"빗물이 오랜 세월 동안 땅속으로 스며들어
이렇게 바위 속에 동굴을 만든 거예요."

엠파이어스테이트 빌딩의
바깥 부분도 석회암으로
만들어졌어요.

이 동굴은 모두 석회암으로
되어 있어요. 여러분, 여기에서도
화석을 발견할 수 있을까요?

선생님, 여기 하나 있어요.

건드리지 마!

우리는 여기에서 좀더 오래 있고 싶었어요.
그런데 갑자기 버스에서 드릴이 나오더니
바위를 뚫고 들어가기 시작했습니다.
프리즐 선생님께서 외치셨어요.
"여러분, 버스를 따라가세요!"
우리는 더 아래로 내려갔습니다.

여기 봐! 석순이
바닥에서 올라오고 있어.

천장에는 종유석이
매달려 있어!

석순과 종유석은 어떻게
생길까요?
　　　　　　　　-필

석회 성분을 머금고 있는
물방울이 동굴 안에 떨어지면,
아이스크림 콘이나 고드름 같은
모양의 석순과 종유석이
생깁니다.

석순과 종유석의 모양
석순은 땅에서 새싹이
올라오는 모양이고,
종유석은 천장에 고드름이
매달려 있는 모양입니다.

종유석

석순

아래로 내려갈수록 점점 더 뜨거워졌어요.
그리고 암석은 점점 더 단단해졌죠.
프리즐 선생님께서 설명해 주셨어요.
"어떤 암석이 열과 압력을 받으면
다른 종류의 암석으로 변해요.
이렇게 다른 종류로 변한 암석을
변성암이라고 해요."

화성암은 어떻게 만들어질까요?
—마이클

마그마는 지각의
깨진 곳을 통해서
위로 올라올 수 있습니다.
마그마가 식어서
굳어진 바위를
화성암이라고 합니다.

화성암

지구 과학 낱말 공부
또 하나 더
—도로시 앤
화성암에서 "화"는
불을 뜻합니다.
지구 안쪽은 불처럼
뜨겁습니다.
그래서 암석도 녹일 수
있습니다.

우리는 지구 중심을 향해서 더욱 더 아래로 내려갔습니다.
우리는 지구 표면 아래에 마그마가 굳어서 만들어진
암석에 부딪혔어요.
이런 암석들을 화성암이라고 합니다.

이 화성암은 화강암이에요.
많은 건물들과 기념비들을
화강암으로 만들죠.

아널드, 이 표본들을
옮겨 주겠니?

지구 과학은 정말
무거운 학문이야……

암석이 녹을
수도 있다는 건
처음 알았네.

우리는 지각을 계속 파들어 갔습니다.
이제는 너무 뜨거워졌기 때문에
프리즐 선생님께서 모두 버스 안으로
들어가라고 말씀하셨어요.

버스는 속력을 더 내서 정말로 바닥을 뚫기 시작했습니다.
곧 우리는 진짜 지구 안쪽으로 들어가기 시작했죠.
너무, 너무, 너무, 뜨거웠습니다.
그리고 중심으로 가까이 갈수록
더 뜨거웠죠.

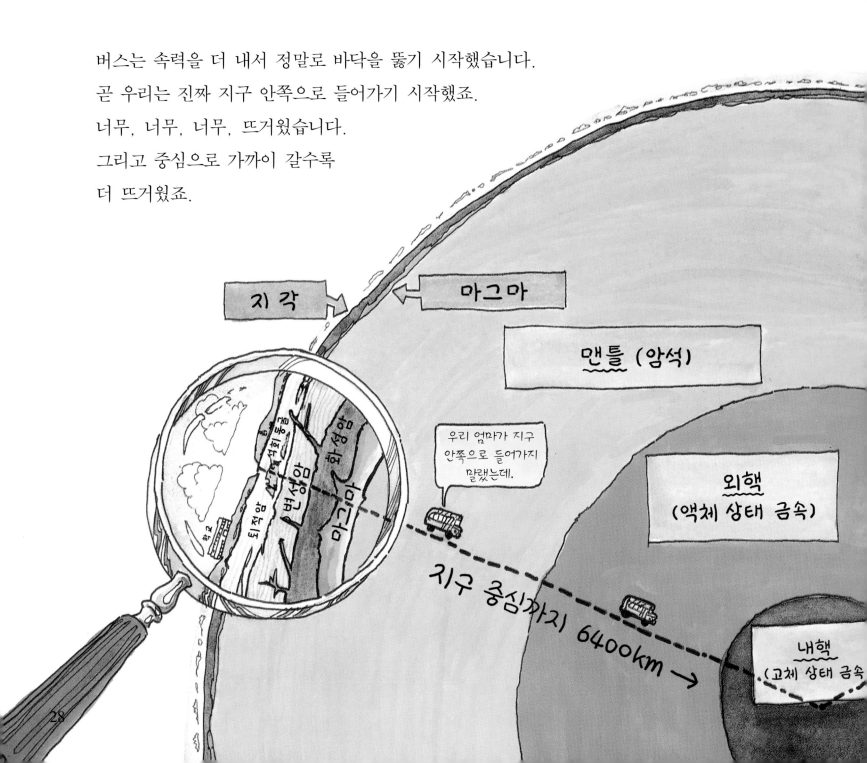

지 각

마그마

맨틀 (암석)

우리 엄마가 지구
안쪽으로 들어가지
말랬는데.

외핵
(액체 상태 금속)

지구 중심까지 6400km →

내핵
(고체 상태 금속)

28

프리즐 선생님께서 다시 밖으로 버스를 돌리시자,
우리는 너무 기뻤습니다.
잠시 후에 우리는 지각에 도착했어요.
그리고 검은 돌로 된 동굴을 통해서
곧장 위로 뛰어 올랐습니다.
예전엔 하늘이 이렇게 멋있는 줄 몰랐다니까요.

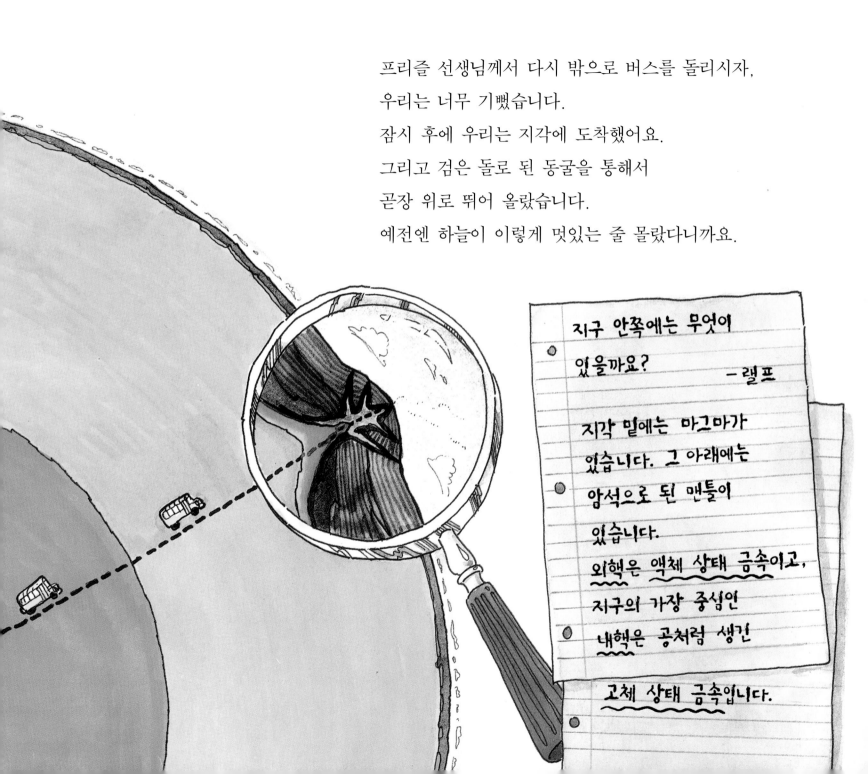

지구 안쪽에는 무엇이
있을까요?
                    ─랠프

지각 밑에는 마그마가
있습니다. 그 아래에는
암석으로 된 맨틀이
있습니다.
외핵은 액체 상태 금속이고,
지구의 가장 중심인
내핵은 공처럼 생긴
고체 상태 금속입니다.

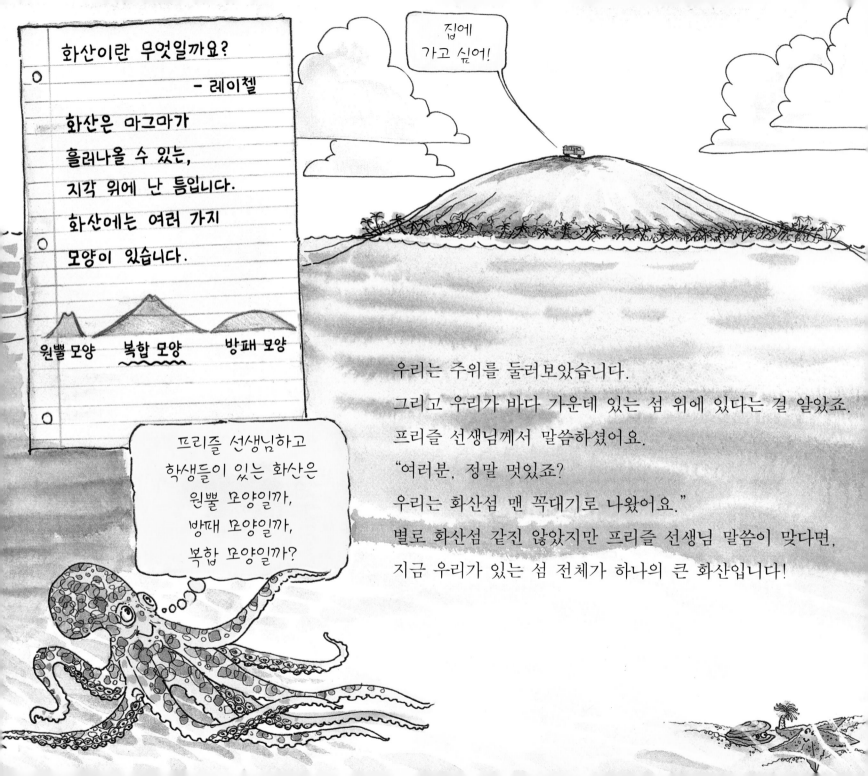

화산이란 무엇일까요?

— 레이첼

화산은 마그마가
흘러나올 수 있는,
지각 위에 난 틈입니다.
화산에는 여러 가지
모양이 있습니다.

원뿔 모양   복합 모양   방패 모양

집에
가고 싶어!

프리즐 선생님하고
학생들이 있는 화산은
원뿔 모양일까,
방패 모양일까,
복합 모양일까?

우리는 주위를 둘러보았습니다.
그리고 우리가 바다 가운데 있는 섬 위에 있다는 걸 알았죠.
프리즐 선생님께서 말씀하셨어요.
"여러분, 정말 멋있죠?
우리는 화산섬 맨 꼭대기로 나왔어요."
별로 화산섬 같진 않았지만 프리즐 선생님 말씀이 맞다면,
지금 우리가 있는 섬 전체가 하나의 큰 화산입니다!

우리는 불안했어요. 하지만 프리즐 선생님께서는
우리한테 돌을 모으라고 하셨죠.
선생님께서 이 돌들은 모두 화산에서 나온
마그마가 굳어서 된 것들이라고 설명해 주셨어요.
그런데 갑자기 땅속에서 굉장히 요란한 소리가 들렸습니다.

우리가 딛고 있는
이 검은 바위는
현무암이에요.

이 반짝이는
화산 조각은
흑요석이고요.

와, 이 돌은
물에 떠!

그 돌은 경석이에요.
경석은 구멍이
많기 때문에
돌 중에 가장 가벼워요.

요란한 소리가 나네!

아널드,
네 배 속에서 나는 소리니?

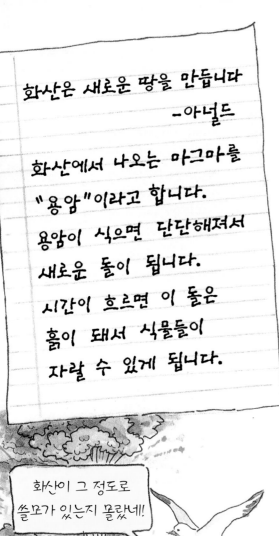

화산은 새로운 땅을 만듭니다
　　　　　　　　-아널드

화산에서 나오는 마그마를
"용암"이라고 합니다.
용암이 식으면 단단해져서
새로운 돌이 됩니다.
시간이 흐르면 이 돌은
흙이 돼서 식물들이
자랄 수 있게 됩니다.

화산이 그 정도로
쓸모가 있는지 몰랐네!

우리는 재빨리 버스에 올라탔습니다.
프리즐 선생님께서는 시동을 켜고
가속 페달을 밟았죠.
하지만 아무런 소용이 없었어요.
버스가 꼼짝도 하지 않았거든요!
'우리는 이제 죽었구나' 하는 생각이 들었습니다!

안 돼!

시뻘겋고 뜨거운 용암이 화산에서
흘러나오기 시작했습니다.
분수처럼 하늘로 치솟기도 했고,
강물처럼 흘러가기도 했습니다.
우리 버스도 용암을 따라서
바다로 흘러들어 갔답니다.

여러분, 이 용암이 식어서
단단해지면 지구에서 가장
새로운 돌이 되는 거예요.

아무려면 어때.
여기서 빠져나가게나
해 주지!

뜨거운 용암이 물에 닿자 거대한
증기 구름이 피어났습니다.
그래서 사방이 하얗게 보였죠.
우리는 증기와 함께 솟아올라서 떠다니는 것 같았어요.
얼마 동안이나 구름 속에서 떠다녔는지 알 수 없었죠.

여기가 어디야?

몰라, 엄마가 세 시 반까지는
집에 오랬는데.

정말 무시무시한 여행이었어요.
하지만 우리는 교실에 멋진 돌 표본을
만들 수 있었죠.

아널드, 이건 돌이
아니고, 스티로폼이에요.

또 아니야!

우리가 수집한 돌

프리즐 선생님 반

저것 좀 봐! 나도 돌이니야!

셜리 수집
석회암

종류: 퇴적암
   (조개 껍데기가 퇴적)
용도 : 건물, 분필, 시멘트, 비료

아만다 제인 수집
대리석

종류 : 변성암
   (석회암이 변성)
용도 : 석상, 비석, 건물

피비 수집
셰일

종류 : 퇴적암 (진흙이 퇴적)
용도 : 갈아서 석회암과 섞어
   시멘트와 벽돌을 만듦

완다 수집
화강암

종류 : 화성암
용도 : 비석, 건물, 보도의
   가장자리 돌

존 수집
점판암

종류 : 변성암 (셰일이 변성)
용도 : 지붕, 도로 포장용 돌,
   칠판

마이클 수집
사암

종류 : 퇴적암
   (모래가 퇴적)
용도 : 건물, 숫돌

몰리 수집
현무암

종류 : 화성암
   (화산에서 만들어짐)
용도 : 도로 건설

레이첼 수집
흑요석

종류 : 화성암
   (화산에서 만들어짐)
용도 : 장식, 인디언 화살촉

플로리 수집
경석

종류 : 화성암
   (화산에서 만들어짐)
용도 : 연마제 가루

필 수집
규암

종류 : 변성암
   (사암이 변성)
용도 : 맷돌, 도로 건설

글쓴이와 그린이하고 하는 전화

이 책을 처음 읽은 독자가 항의 전화를 했습니다. 이 독자는 책이 모두 엉터리라고 주장했습니다. 우리는 여러분들이 이 책을 보면서 어떤 것이 사실이고 어떤 것이 이야기를 재밌게 하기 위해서 꾸며낸 것인지 판단하는 데 도움을 주기 위해서 대화 내용을 적었습니다.

독자: 이 책은 순 엉터리예요!

글쓴이: 그럴 리가요!

그린이: 이 책에 있는 것은 모두 사실이고 실제로 일어날 수 있는 일이에요.

독자: 7페이지에 있는 비버네 집도 그런가요?

글쓴이: 아, 그거요. 진짜 교실에서 일어나기엔 좀 황당하긴 하죠.

독자: 그리고 벌통은요?

그린이: 그것도 그렇군요. 하지만 다른 건 모두 사실이에요.

독자: 아니, 왜 저를 속이려고 하세요! 어린이들이 굴착기를 사용하고(16페이지), 버스가 포크레인(14페이지)이나 드릴(23페이지)로 변할 수 있는 거예요?

글쓴이: 아……, 그건 사실 불가능하죠.

독자: 그리고 버스가 지구 중심을 통과할 수 있다는 말을 제가 믿을 거라고 생각하세요?

그린이: 글쎄요…….

글쓴이: 그게 좀 그렇네요.

그린이: 아, 맞아요. 사실 버스가 그런 일을 할 순 없겠죠.

글쓴이: 버스가 드릴로 뚫고 들어갈 수 있다 하더라도 너무 먼 거리라 어쩌면 몇 년이 걸릴 수도 있고요.

독자: 그리고 온도 문제도 있잖아요?

글쓴이: 그래요, 그래요! 지구 중심은 엄청나게 뜨거워요. 버스는 아마 일 분도 못 견디고 녹아 버릴 거예요.

독자: 에어컨이 효과가 있을 거라고 말하는 것도 우습지 않아요?

글쓴이: 아, 그렇군요……. 정말 예리하시군요! 네, 그래요. 그런 온도에서는 에어컨은 아무 소용이 없죠.

독자: 그리고 버스가 용암하고 같이 흘러갈 수도 없고, 증기 구름하고 같이 솟아오를 수도 없어요.

그린이: 너무 몰아붙이지 마세요. 네, 그것도 독자분 말씀이 맞아요. 그건 사실이 아니죠.

독자: 하지만 선생님은 모든 게 사실이라고 말씀하셨잖아요!

글쓴이: 사실은, 그런 걸 뺀 다른 모든 것들이죠.

독자: 나머지는 모두 사실이라고요? 그럼 정말 퇴적암, 변성암, 화성암 들이 있는 건가요?

글쓴이: 그렇습니다!

독자: 그리고 정말로 용암이 굳으면 새로운 돌이 되나요?

그린이: 그럼요!

독자: 그렇다면 프리즐 선생님 옷은 어떻게 된 거죠?

글쓴이: 믿기 힘드시겠지만 사실입니다.

그린이: 프리즐 선생님은 정말 그런 옷을 입어요!

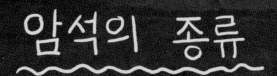

암석의 종류

퇴적암 : 사암, 석회암, 셰일

변성암 : 점판암, 규암, 대리석

화성암 : 화강암, 현무암,

　　　　　　 흑요석, 경석

글쓴이 조애너 콜은

어렸을 때부터 벌레나 곤충에 관한 책을 즐겨 읽는, 과학을 좋아하는 영리한 소녀였다. 책을 쓸 때는 항상 먼저 자료 조사를 충분히 거친 후
박물관을 직접 방문하거나 현장 답사를 하고, 전문가들과 인터뷰를 하는 등 철저한 사전 준비를 하는 것으로 유명하다.
「신기한 스쿨 버스」 시리즈를 비롯한 많은 책들로《워싱턴 포스트》지 논픽션 상, 미국 도서관 협회 선정 올해의 어린이 책,
어린이 책에 기여한 공로로 주는 데이비드 맥코드 문학상 등 많은 상을 수상했다.

그린이 브루스 디건은

1945년 미국에서 태어나 뉴욕 쿠퍼 유니언 대학과 프라트 대학에서 일러스트를 전공했다. 한때 아이들에게 미술을 가르치기도 했으며,
「신기한 스쿨 버스」의 프리즐 선생님이나 아이들처럼 밝고 익살스럽고 활기찬 성격을 갖고 있다. 자신이 그린 그림 중 가장 인상적인 캐릭터로
프리즐 선생님을 꼽을 정도로 「신기한 스쿨 버스」에 대한 애착이 남다르며 현재까지 40권이 넘는 어린이 책을 쓰고 그렸다.

옮긴이 이연수는 서울대학교 천문학과를 졸업하고, 지금은 번역 일을 하고 있다.

신기한 스쿨 버스